KLAUS VELLGUTH (HG.)

# MIT GOTT KANNST DU
# PUNKTEN

Butzon & Bercker
Verlag Haus Altenberg

In Zusammenarbeit
mit dem DFB

Von jedem verkauftem Exemplar gehen 50 Cent an
gemeinnützige Projekte der DFB-Stiftung Egidius Braun in Brasilien.

**BIBLIOGRAFISCHE INFORMATION DER DEUTSCHEN NATIONALBIBLIOTHEK**

Die Deutsche Nationalbibliothek verzeichnet diese Publikation in der
Deutschen Nationalbibliografie; detaillierte bibliografische Daten sind
im Internet über http://dnb.d-nb.de abrufbar.

Das Gesamtprogramm
von Butzon & Bercker
finden Sie im Internet
unter www.bube.de

ISBN 978-3-7666-1778-1 (Verlag Butzon & Bercker)
ISBN 978-3-7761-0305-2 (Verlag Haus Altenberg)

© 2014 Butzon & Bercker GmbH,
Hoogeweg 100, 47623 Kevelaer, Deutschland, www.bube.de

Umschlaggestaltung und Satz: Kai & Amrei Serfling GbR, Leipzig
Printed in the European Union

# VORWORT

Die Fußballweltmeisterschaft ist ein einzigartiges Sportfest. Menschen auf der ganzen Erde nehmen Anteil. Sie verfolgen die Spiele, fiebern mit, wenn die eigene Mannschaft in das Stadion eingelaufen ist. Fußball ist eben, wie Sepp Herberger gesagt hat, die schönste Nebensache der Welt.

Bei der Fußball-WM zählt jedes Tor, jeder gewonnene Punkt auf dem Weg ins Finale. Alle Fußballer kämpfen, um möglichst weit zu kommen. Doch auch wenn sich während der Wochen der WM alles um das runde Leder dreht: Im Leben gibt es mehr als Fußball.

Der Erfolg auf dem Platz ist nicht alles. Das Lebensspiel dauert länger als 90 Minuten. Training, Anstrengung, Fouls, Versöhnung, Niederlagen und Erfolge: Das gibt es auch im wahren Leben.

Dieses Buch lädt ein, sich über das Spiel des Lebens Gedanken zu machen und dabei zu erfahren:

*Mit Gott an der Seite kann jeder Einzelne punkten.*

# INHALT

**DAS TEAM**
Gemeinsam · Mannschaft · Wir

**8**

**QUALIFIKATION**
Ziele verfolgen · Regeln einhalten · Nicht aufgeben

**14**

**FANCLUB**
Zeig Begeisterung · Bekenne Farbe · Zeig dich

**22**

**IM ABSEITS**
Die Gegner · Kick für andere · Nie allein

**28**

**EINFACH SPIELEN**
Pass · Leben · Foul

**36**

**IN TOPFORM**
Training · Dein Bestes · Durchhalten

**44**

**DU – EXKLUSIV**
Starke Auftritte · Tooor · Gott will dich

**52**

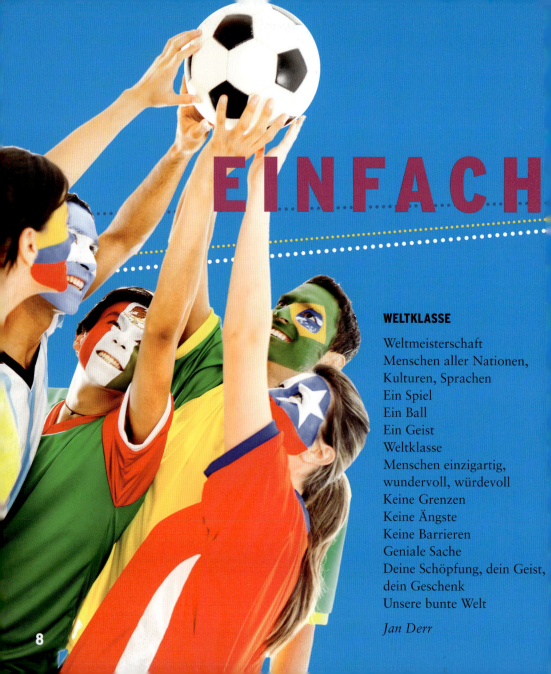

# EINFACH

### WELTKLASSE

Weltmeisterschaft
Menschen aller Nationen,
Kulturen, Sprachen
Ein Spiel
Ein Ball
Ein Geist
Weltklasse
Menschen einzigartig,
wundervoll, würdevoll
Keine Grenzen
Keine Ängste
Keine Barrieren
Geniale Sache
Deine Schöpfung, dein Geist,
dein Geschenk
Unsere bunte Welt

*Jan Derr*

*Der Glaube an Gott
ist ein Eckpfeiler meines Lebens.*

*Arne Friedrich*

# G E N I A L

Sport machen ist einfach eine geniale Idee der Schöpfung. Man kann etwas erreichen, man tobt sich aus, findet Menschen mit derselben Begeisterung. Man lacht, man freut sich, es gibt eine Art der Seelenverwandtschaft, man kann das mit Jungen, mit Alten, mit Fröhlichen, mit Traurigen tun. Sport ist eine Brücke zu den Menschen. Und ist schon ein Geschmack dessen, was uns im Paradies erwartet.

*Thomas Nolte, Sportpfarrer in Deutschland, Leiter des Arbeitskreises Kirche und Sport der Katholischen Bischofskonferenz*

**DAS TEAM**

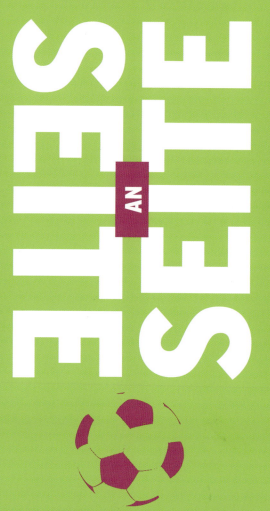

Wir marschieren auf den Rasen. Mit uns die gegnerische Mannschaft. Seite an Seite, dann jeder gegen jeden. Zwei Teams – beide ein Ziel: den Sieg. Gott der Freude, Gott der Lebenslust:

Hilf mir, dass ich mich nach meinen Kräften für unsere Mannschaft einsetzen kann. Schenke mir aber auch die Kraft, fair zu spielen und anderen die Chancen zu lassen, die sie verdient haben.

*Marcus C. Leitschuh*

**SEITE AN SEITE**

*Jesus bittet uns, ihm das ganze Leben hindurch zu folgen, er bittet uns, seine Jünger zu sein, in seiner Mannschaft zu spielen.*

*Was macht ein Spieler, wenn er in eine Mannschaft berufen wird? Er muss trainieren, viel trainieren. Genauso ist unser Leben als Jünger des Herrn.*

*Jesus verlangt von uns, dass wir trainieren, um in Form zu bleiben, um allen Situationen des Lebens ohne Angst zu begegnen und dabei unseren Glauben zu bezeugen. Fragt Jesus. Sprecht mit Jesus.*

*Papst Franziskus, aus einer Ansprache auf dem Weltjugendtag 2013*

# MANN-SCHAFT JESU

# TEAMGEIST

Beim Fußball ist das die wichtigste Regel: Nichts geht ohne die anderen, wir müssen zusammenhalten und an uns glauben. Allein sind wir eine Null. Wir brauchen uns gegenseitig: Der eine passt zum anderen, der andere passt zum nächsten ...

**UND – TOR!!!**

Wir haben zusammengehalten – oder du, Gott, hast uns zusammengehalten – wir haben uns gegenseitig gestützt, wir waren eine Supergruppe in deinem Namen, denn das Wort „Ich" gab es nicht, nur das Wort „Wir".

*Anne Mohr*

**Wir sind ein Team – und das macht uns stark.**

Joachim Löw,
Bundestrainer

# GOTTES SEGEN SEI BEI MIR

*Auf dem Platz dreht sich alles um den Ball und den sportlichen Erfolg! In meinem privaten Leben steht die Familie absolut im Mittelpunkt. Der Glaube an Gott hat dort auch seinen festen Platz.*

*Miroslav Klose*

Der Herr lasse das Spiel
deines Lebens gelingen!
Er segne das Zusammenspiel
mit den Menschen, mit denen du lebst!
Er begleite dich auf deinem Weg zum Ziel
und lenke deine Schritte zum Guten!
So segne dich Gott,
der Vater, der Sohn
und der Heilige Geist!
Amen.

*Alexander Behrend*

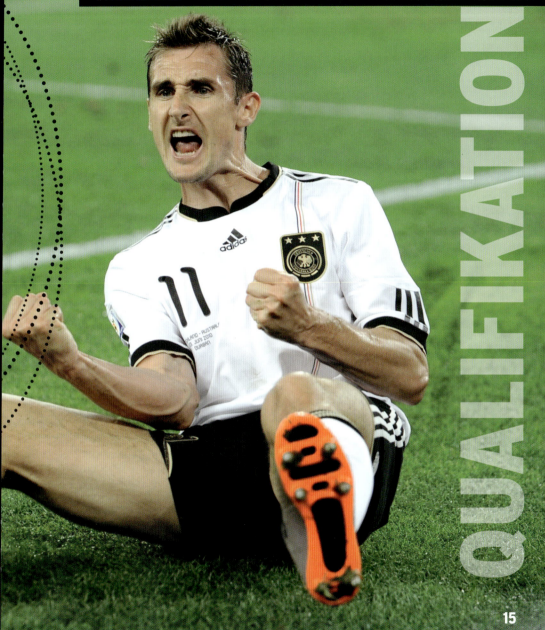

QUALIFIKATION

ALLE HABEN

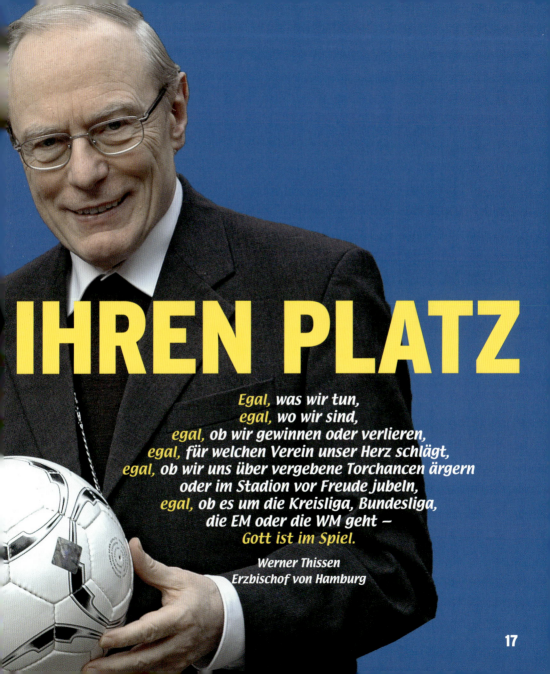

# IHREN PLATZ

*Egal, was wir tun,*
*egal, wo wir sind,*
*egal, ob wir gewinnen oder verlieren,*
*egal, für welchen Verein unser Herz schlägt,*
*egal, ob wir uns über vergebene Torchancen ärgern*
*oder im Stadion vor Freude jubeln,*
*egal, ob es um die Kreisliga, Bundesliga,*
*die EM oder die WM geht –*
*Gott ist im Spiel.*

**Werner Thissen**
*Erzbischof von Hamburg*

# AUFREGENDE
# BERUFUNG

Jeder Spieler ist aufgeregt, wenn er vom Trainer erstmals in das Team berufen wird. Und in der Startformation seiner Elf in das Stadion einlaufen darf. Diesen großen Moment wird kein Spieler der Bundesliga jemals in seinem Leben vergessen. Auch Nationalspieler erinnern sich ewig an das Spiel, für das sie der Nationaltrainer erstmals berufen hat. Ganz egal, ob sie nun Ballack, Schweinsteiger, Podolski oder Trochowski heißen.

Es ist einfach etwas ganz Besonderes, zum ersten Mal dabei sein zu dürfen. Das ist es, was am Fest der Erstkommunion gefeiert wird. Dass Gott auch dich berufen hat. Und dass du zum ersten Mal dabei sein darfst, wenn die Gemeinde die Kommunion feiert. Und eins gehört zu solch einem Debüt dazu: Jeder, der zum ersten Mal dabei ist, hofft darauf, noch möglichst oft dabei sein zu können.

*Klaus Vellguth*

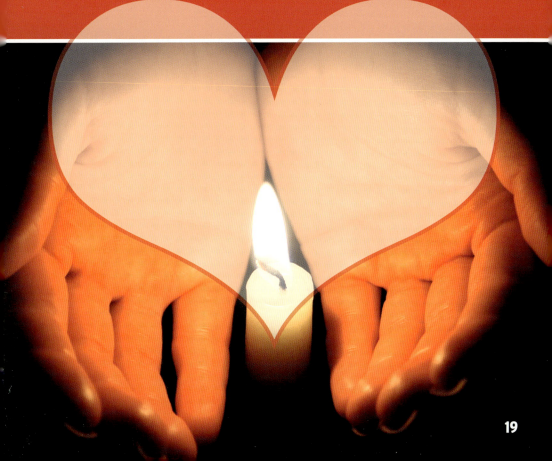

### Trainiere mein Herz

*Jesus, ich habe dich aufgenommen.*
*Ich gehöre wieder neu zu dir.*
*Mit allen hier*
*will ich mich ganz für dich einsetzen.*
*Trainiere mein Herz dafür.*

Bruder Paulus Terwitte

**Ein Tor aus
11 Metern Entfernung zu
schießen,
ist leicht.**

**Meinen Nächsten die
Hand zu reichen
aus 11 Metern Entfernung,
manchmal schwer.**

**Aber es geht –
Gott sei Dank!**

*Werner Thissen
Erzbischof von Hamburg*

# HANDSCHLAG

# EIN KLEINES FOUL

Ganz schön hitzig geht es in manchem Fußballspiel zu. Und so kann es im Kampf um den Ball und um Tore schon mal zu einem Foulspiel kommen. Meist ist es glücklicherweise nicht so schlimm, und die Spieler reichen sich schon bald wieder die Hand, um sich zu versöhnen. Auch in der Messe kommen die kleinen Fouls des Lebens zur Sprache. Ganz am Anfang, wenn alle gemeinsam ihre Sünden bekennen. Danach ist es dann wie auf dem Fußballplatz. Beim Friedensgruß reichen sich alle die Hände. Die Fouls des Alltags sind vergessen, und alle feiern gemeinsam, dass sie untereinander und vor Gott versöhnt sind. Um spätestens bei der Kommunion ein echtes Team zu sein.

*Klaus Vellguth*

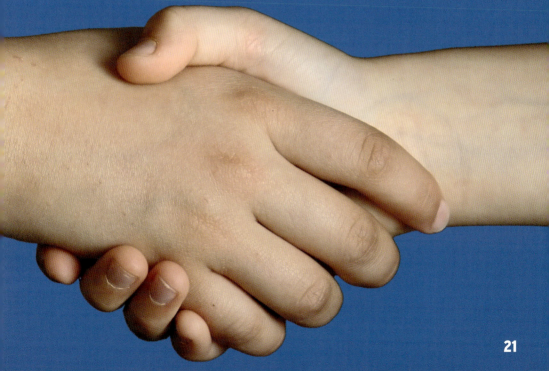

# DEINEN
## NAMEN NENNEN

*Wenn wir unsere Nationalfahnen schwingen,*
*lass, Gott, uns auch zu dir bekennen.*
*Wenn wir die Spieler lautstark begrüßen,*
*lass uns deinen Namen nicht vergessen.*
*Wenn unsere Fangesänge ertönen,*
*lass uns auch dir ein Loblied singen.*

*Wenn der Torschrei durchs Stadion schallt,*
*lass auch dir ein Gloria erklingen.*
*Wenn andere den Fußballgott anbeten,*
*lass uns den wahren Gott bejubeln.*

*Klaus Vellguth*

# DICH
# BEKENNEN

### Ich verlasse mich auf dich

Lieber Gott, ich weiß nicht, ob du ein Fußballfan bist. Aber ich hoffe das jetzt mal. Denn ich möchte dich um etwas bitten. Bitte schenke uns gute Spiele. Die beste Mannschaft soll gewinnen, mit tollen Spielzügen und erstklassigen Toren.

Herr, ich verlasse mich auf dich als großen, gnädigen Schiedsrichter. Lass uns auf der Welt fair miteinander umgehen, nicht nur im Fußball.

*Werner Thissen, Erzbischof von Hamburg*

# LITURGIE IM FUSSBALL STADION

Heute weiß jeder, dass der Ball rund ist und dass ein Spiel 90 Minuten dauert. Die Fußball-Weisheiten eines Sepp Herberger haben sich inzwischen rundgesprochen. Doch ob den Fußballfans bewusst ist, dass sie in den Fußballarenen rund um den Globus eine Liturgie feiern, die dem christlichen Gottesdienst verblüffend ähnlich sieht?

Schon lange vor dem Anpfiff tönt aus den Kehlen der Fans ein Introitus: Gesänge, in denen die eigene Mannschaft gepriesen wird. Und wenn der Stadionsprecher die Spieleraufstellung verkündet, akklamieren die Zuschauer huldvoll wie beim Kyrie die Nachnamen ihrer geliebten Ballzauberer. Die Jubelgesänge von vielen tausend stimmgewaltigen Fans erinnern an ein Gloria. Auch Halleluja-Gesänge haben längst in die Stadion-Hymnen Eingang gefunden. Das ehrfurchtsvoll geforderte Vereinsbekenntnis „Steh auf, wenn du ein … bist" ist an die Stelle eines Glaubensbekenntnisses gerückt. Die Fans von Schalke 04 setzen diese

# JUBEL

*Sonntag, 07.07.1974 – Franz Becken-*
*bauer reckt einen Kelch gen Himmel –*
*Deutschland jubelt!*

*Sonntag, 04.07.2004 – Ein Pfarrer*
*reckt einen Kelch gen Himmel –*
*niemand jubelt.*

*Warum?*

*Linda Spindeler*

Kicker-Liturgie noch fort, indem sie ihr Fanmagazin „Schalke unser" genannt haben. Und spätestens, wenn die Fangemeinde sich nach dem Torerfolg ihrer Mannschaft freudetaumelnd in den Armen liegt, scheint der communio-Gedanke des christlichen Abendmahls im Stadion Einzug gefunden zu haben.

Doch trotz aller Parallelitäten zwischen christlicher Liturgie und Fankult bleibt doch ein entscheidender Unterschied. Unten im Stadion laufen zwar millionenschwere Kicker auf, doch sie bleiben letztlich Menschen wie du und ich. In der Liturgie hingegen rückt Christus in den Mittelpunkt. Seine heilvolle Gegenwart wird gefeiert. Wer sich darauf einlassen kann, geht nach dem Gottesdienst auf jeden Fall als Sieger vom Platz. Eigentlich könnten wir deshalb nach dem Gottesdienst auch in Freudengesänge ausbrechen: „So ein Tag, so wunderschön wie heute."

*Klaus Vellguth*

Segne die Spieler!
Schenk ihnen Leidenschaft,
Spielfreude und Konzentration,
bewahre sie vor dem falschen Ehrgeiz,
der im anderen keinen sportlichen Gegner,
sondern einen Feind sieht.

Segne die Trainer!
Lass sie erleben, dass ihre Arbeit
die Mannschaft beflügelt und motiviert.
Nimm ihnen jene Verbissenheit,
die aus Spielen plötzlich Schlachten
und aus einem Wettkampf
eine Schicksalsfrage macht.

Segne die Schiedsrichter!
Hilf ihnen, das Spiel fair,
neutral und kompetent zu begleiten.
Gib ihnen die Klugheit,
im rechten Moment das Rechte zu tun
und in den Spielern Freunde zu sehen.

# SEGNE DAS SPIEL!

# SEGNE DIE FANS!

Segne die Fans!
Feiere mit ihnen ein rauschendes Fest,
in dem Freude und Begeisterung wachsen.
Zeig ihnen, wie sie jubeln können,
     ohne dabei sich und ihre eigenen Sehnsüchte
          in der Hingabe zu verlieren.

          Segne die vielen,
           die man auf dem Bildschirm selten sieht:
            Ordner, Räumer, Verkäuferinnen,
             Pressevertreter und Parkplatzwächter,
            all die vielen, die heute arbeiten.
           Lass sie Teil des großen Spiels sein
          und ihre Aufgaben fröhlich erfüllen.

Segne dieses Spiel vom Anpfiff bis zum Abpfiff.
Bewahre unsere Herzen und Sinne
in deiner Gegenwart.
Denn du willst bei uns sein. Amen.

*Fabian Vogt*

Fußball verbindet durch das gemeinsame Ziel; Erfolg und Misserfolg jedes Einzelnen liegen in Erfolg und Misserfolg des Ganzen.

Seid nicht nur sportliche Wettkämpfer, sondern Athleten, die sich um den Siegespreis eines christlichen Lebens mühen. Euer Vorbild möge andere anspornen, in ihrer Lebenswelt für das Bleibende, für das Gute zu kämpfen und Athleten Christi zu sein, der den Menschen das wahre Leben schenken will.

*Papst Benedikt XVI.*

# GOTT IST STARK!

**Die Begleitung Gottes in meinem Leben heißt für mich auch, dass er mir die Möglichkeit gibt, schwach sein zu dürfen, weil er stark ist, schwach sein zu dürfen, weil er mich versteht, wenn niemand mich mehr versteht.**

**Bruder Paulus Terwitte**

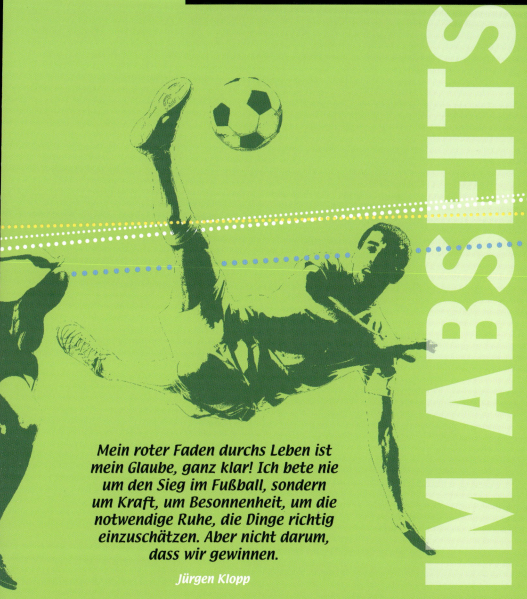

*Mein roter Faden durchs Leben ist mein Glaube, ganz klar! Ich bete nie um den Sieg im Fußball, sondern um Kraft, um Besonnenheit, um die notwendige Ruhe, die Dinge richtig einzuschätzen. Aber nicht darum, dass wir gewinnen.*

*Jürgen Klopp*

# LASS UNS

Herr, gib uns Augen,
die den Mitspieler sehen.

Ohren, die ihn hören
und ihn verstehen.

Hände, die es lernen,
wie man hält und teilt.

Füße, die nicht zögern,
wenn der Schuss eilt.

Körper, die nicht schwitzen,
wenn die Hitze streift.

Trikots, die gut sitzen,
wenn der Wind pfeift.

Herr, wir danken für alle Gaben,
hilf uns, wachsam zu sein,

und zeig uns,
dass wir den Ball teilen müssen.

*Moritz Barnick und Paul Gößling*

# WACHSAM SEIN

# DU GEHST MIT DURCH DICK UND DÜNN

Jesus, mit dir geh ich gerne
zu den Menschen in der Welt.
Du gibst mir die Herzenswärme,
die mein Spielerherz erfüllt.

Leben, spielen, freuen, weinen:
Du gehst mit durch dick und dünn.
Was auch andre von dir meinen:
Du bleibst meiner Spiele Sinn.

*Bruder Paulus Terwitte*

# ABSEITSFALLE

Ich stelle mich manchmal selbst ins Abseits.
Lasse alle hinter mir, höre nicht auf War-
nungen. Renne einfach los. Stürme nach
vorne. Gebote, Verbote, Hinweise. Ganz
egal, Hauptsache, ich bin vorne dabei.
Lasse mich anspielen mit Erwartungen und
Anforderungen, obwohl ich weiß, dass ich
hier eigentlich nicht stehen darf.

Das Spicken bei der Klassenarbeit. Die Lü-
gen über den neuen Mitschüler. Das Gerede
über die Lehrerin. Wenn ich dann ein Tor
schieße, wird es für ungültig erklärt. Der
Jubel kann nicht darüber hinwegtäuschen,
dass ich es hätte besser wissen können.
Abseitsfalle.

Wie da rauskommen? Zurückrennen.
Wieder mit den anderen im Team spielen,
als Mannschaft. Gemeinsam zum Ziel.
Gemeinsam, nicht einsam.

*Marcus C. Leitschuh*

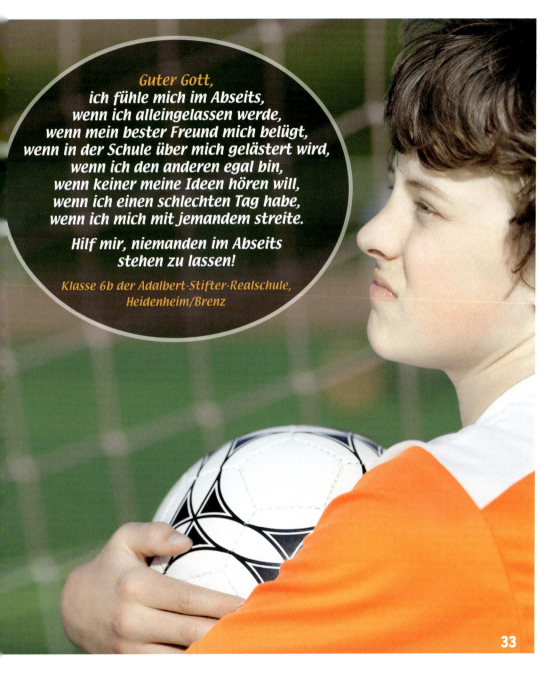

**Guter Gott,**
ich fühle mich im Abseits,
wenn ich alleingelassen werde,
wenn mein bester Freund mich belügt,
wenn in der Schule über mich gelästert wird,
wenn ich den anderen egal bin,
wenn keiner meine Ideen hören will,
wenn ich einen schlechten Tag habe,
wenn ich mich mit jemandem streite.

**Hilf mir, niemanden im Abseits
stehen zu lassen!**

*Klasse 6b der Adalbert-Stifter-Realschule,
Heidenheim/Brenz*

"Ohne Rücksicht auf Verluste!"
Das ist spielentscheidend!
Gib alles!
Zeig allen, was in dir steckt!
Das sind DEINE 90 Minuten auf dem Platz!
Jetzt kannst du dich und den anderen beweisen!

Stimmt das wirklich?
Ist das unsere Leitlinie?
"Ohne Rücksicht auf Verluste?"
Sich durchkämpfen,
alles um sich herum vergessen,
hin und wieder ein Foul riskieren?

# FAIR
# PLAY

NEIN!

Ich halte dagegen:
„Fair play!"
Und das nicht nur
im Fußball!

Steffen Flicker

# GOTT

Spieler oder Schiedsrichter?
Manager oder Trainer?
Funktionär oder Fan?
Reporter oder Zuschauer?
Wo wärest du eher zu finden
im „Stadion Leben"?

Ich ahne:
Im Spieler ist dein Versteck,
auch wenn du alles sein könntest.
Im Spieler,
weil du Freude hast
am Spiel des Lebens,
und das aktiv,
nicht nur auf der Tribüne.

*Fredi Bernatz*

*Wir bekommen als Fußballer ungeheuer viel Aufmerksamkeit. Dabei leisten andere Menschen auch unheimlich wichtige Dinge, die aber nicht live im Fernsehen übertragen werden. Etwa Ärzte, Lehrer, der Schulbusfahrer, die Altenpflegerin. Für diese Leistung empfinde ich großen Respekt.*

**Jérome Boateng**

EINFACH SPIELEN

# BEI GOTT BIN ICH

**Ein Leben ohne Gott ist wie Fußball ohne Ball.**

*Dirk Heinen*

**Ich kann nicht tiefer fallen als in Gottes Arme.**

*Heiko Herrlich*

**Als ich entdeckte, dass Gott in beiden Fankurven sitzt, wurde ich gelassener.**

*Fabian Vogt*

**Immer bin ich im Gespräch mit Gott. Ich vertraue ihm, dass mein Leben in seinem Sinn verläuft. Ich habe mir geschworen, niemals einen Fußballverein über Gott zu stellen.**

*Zé Roberto*

# GOTT IST FÜR MICH

# DIE NUMMER 1

> *Die Bibel ist immer dabei, gehört einfach in mein Reisegepäck.*
>
> **Arne Friedrich**

> *Gott, du bist der beste „Hüter" der Welt. Für dich ist nichts unmöglich. Denn du bist Gott!*
>
> **Daniel Boje**

> *Ich versuche, so oft wie möglich in die Kirche zu gehen, zumindest um mal eine Kerze anzuzünden.*
>
> **Christoph Metzelder**

# DIE NUMMER 1

Der Pass beschreibt im Fußball die Weitergabe des Spielballs an einen Mitspieler, der das Spiel weiterbringen kann. Man selbst sieht sich zu vielen Gegenspielern gegenüber, sodass wenig Aussicht auf Erfolg besteht, das Spiel selbst entscheidend voranzubringen. Man gibt also eine zu große Aufgabe ab, die für einen anderen leichter oder besser zu bewältigen ist. Auch im Leben kann es zu solchen Situationen kommen, in denen man einen „Pass spielen" sollte. Mal eine Aufgabe einem anderen anvertrauen, die er besser, schneller oder nebenbei erledigen kann. Es ist nicht gut, alles im „Alleingang" lösen zu wollen. Ruhig mal die Verantwortung übergeben! Und trotzdem – oder vielleicht sogar deswegen – zum Erfolg kommen.

*Claus Höfer*

# ALLE BRAUCHEN

## Gott will das Beste für mich

*Gott gibt mir den Halt, den ich im Leben brauche. Vor allem im Sport durchlebt man Höhen und Tiefen im engsten Zeitraum. Da ist es mir wichtig zu wissen, dass Jesus mich liebt und mich nie fallen lassen wird. Er gibt mir Kraft, nach Rückschlägen weiterzumachen. Ihm kann ich voll vertrauen, weil ich weiß, dass er nur das Beste für mich will und einen tollen Plan für mein Leben hat.*

Shelley Thompson

# STARKEN WILLEN

**„Gute Fußballspiele"** begeistern mich. Gut ist ein Fußballspiel, wenn alle Spieler ihr Bestes geben, wenn die Schiedsrichter aufmerksam sind und das Spiel gerecht leiten, wenn die Zuschauer sich gesittet und fair verhalten.

**„Schlecht"** ist für mich ein Spiel dann, wenn gefoult wird, die Spieler nur egoistisch in Alleingängen Tore machen wollen, der Schiedsrichter unaufmerksam oder parteiisch ist und dadurch das Spiel chaotisch wird und wenn Zuschauer sich in Wort und Tat danebenbenehmen.

*Ludwig Schick,*
*Erzbischof von Bamberg*

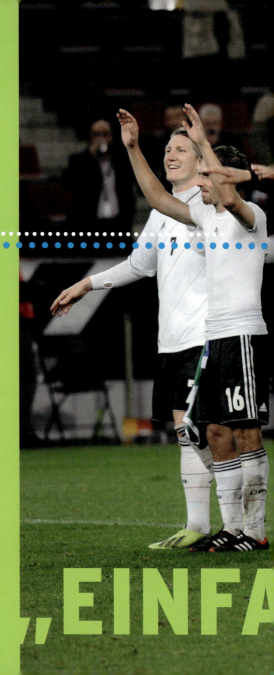

„EINFA

**CH SPIELEN"**

Manchmal fühle ich mich wie ein Ball,
getreten, gejagt,
geköpft und verzogen.
Als wäre ich nur wertvoll,
wenn ich im Tor lande
und Punkte bringe:
abgestoßen, geflankt,
zugespielt und versenkt.
Irgendetwas ist da foul.
Irgendetwas sollte abgepfiffen werden.
Ich sehne mich danach,
dass du, Gott, ins Spiel kommst.
Fröhlich, leidenschaftlich,
motivierend und stark.
Weil du der einzige Spieler bist,
der beim Spielen nicht an sich,
die Mannschaft, den Klassenerhalt
oder den Sieg denkt –
sondern an mich.

*Fabian Vogt*

**BALLGEFÜHL**

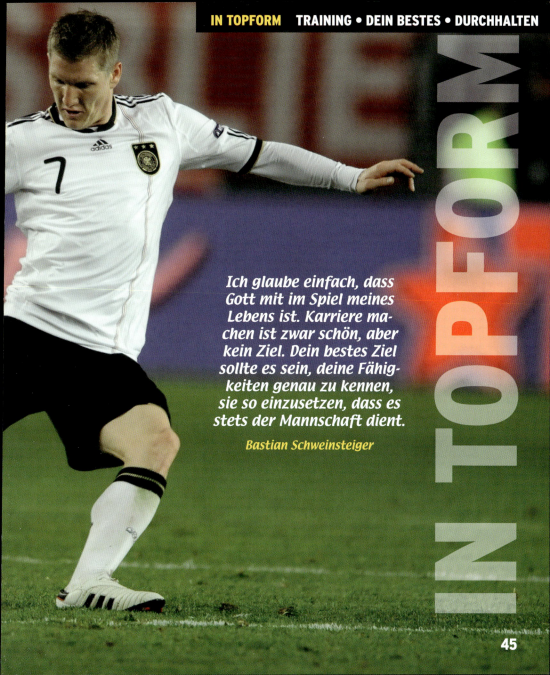

*Ich glaube einfach, dass Gott mit im Spiel meines Lebens ist. Karriere machen ist zwar schön, aber kein Ziel. Dein bestes Ziel sollte es sein, deine Fähigkeiten genau zu kennen, sie so einzusetzen, dass es stets der Mannschaft dient.*

*Bastian Schweinsteiger*

IN TOPFORM

# HARTES PROFIGESCHÄFT

*Mich beeindruckt immer wieder, wie viel Mitleid Jesus hatte mit Leuten, die an den Rand gedrängt wurden. Für mich ist es wichtig, dass auch ich es schaffe, im harten Profigeschäft mitfühlend zu bleiben.*

*Oliver Bierhoff, Manager der Nationalmannschaft*

**GIB MUT! GIB KRAFT!
GIB STÄRKE! GIB DANKE.**

Mein *Glaube an Gott* treibt mich an,
immer am Ball zu bleiben und mein Bestes zu geben.
Er schenkt mir aber auch Kraft,
mit Niederlagen umzugehen.

*Hansi Flick, Assistenztrainer der Nationalmannschaft*

47

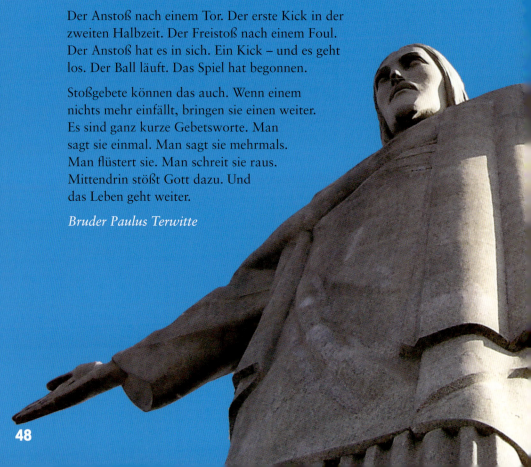

# STOSSGEBET

Manchmal sitzt man fest. Es geht nicht mehr weiter.
Gründe gibt es viele dafür: Die Kraft ist zu Ende.
Der Ärger ist zu groß. Die Aussichten auf Erfolg
sind zu gering.

Der Anstoß nach einem Tor. Der erste Kick in der
zweiten Halbzeit. Der Freistoß nach einem Foul.
Der Anstoß hat es in sich. Ein Kick – und es geht
los. Der Ball läuft. Das Spiel hat begonnen.

Stoßgebete können das auch. Wenn einem
nichts mehr einfällt, bringen sie einen weiter.
Es sind ganz kurze Gebetsworte. Man
sagt sie einmal. Man sagt sie mehrmals.
Man flüstert sie. Man schreit sie raus.
Mittendrin stößt Gott dazu. Und
das Leben geht weiter.

*Bruder Paulus Terwitte*

**Deine Gebote machen mich froh.**

*Psalm 119,143*

**Gib mir Halt!**

*Psalm 119,117*

**Er führt mich hinaus ins Weite.**

*Psalm 18,20*

**Deine Weisung ist Wahrheit.**

*Psalm 119,142*

**Durch dein Wort belebe mich.**

*Psalm 119,107*

Man dribbelt sich durchs Leben.
Man weicht Gegnern oder Dingen,
die man nicht mag, aus.
Du kannst nicht immer geradeaus zum Ziel lossprinten.
Ab und zu muss man ausweichen
oder sich Mitspielern anpassen.
Ohne mal den Ball abzugeben, erreicht man nie das Ziel.

Guter Gott,
du hast mich als Menschen erschaffen,
du bist es, der mir Kraft und Stärke gibt.

Wie viele andere Menschen schaue ich
auf die Kraft und Schnelligkeit der Sportler.
Ich staune und freue mich daran.
Ich spüre aber auch, dass das nicht alles ist.

Hilf mir,
dass meine Freude dir gilt,
dass ich dir danken kann für meine Kräfte und Stärken,
dass ich an dich glauben und dir vertrauen kann.

Du hast mich als Menschen geschaffen.
Du bist es, der mir Kraft und Stärke gibt. Amen.

*Achim Gimbel*

DRIB

BELK

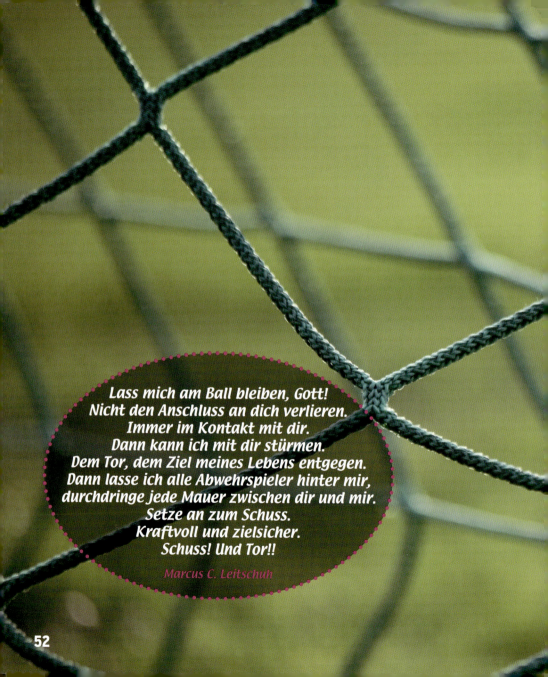

Lass mich am Ball bleiben, Gott!
Nicht den Anschluss an dich verlieren.
Immer im Kontakt mit dir.
Dann kann ich mit dir stürmen.
Dem Tor, dem Ziel meines Lebens entgegen.
Dann lasse ich alle Abwehrspieler hinter mir,
durchdringe jede Mauer zwischen dir und mir.
Setze an zum Schuss.
Kraftvoll und zielsicher.
Schuss! Und Tor!!

*Marcus C. Leitschuh*

Im Fußball benötigen wir jemanden,
der den Torbereich beschützt und bewacht.
Dafür gibt es den Torwart.

Im realen Leben benötigen wir jemanden,
der uns beschützt und bewacht.
Dafür gibt es Gott.

*Christian Dicks*

# MIT DIR
# STÜRMEN

**Christus** hat uns gelehrt, für andere da zu sein. Das ist für mich auf dem Platz ebenso wichtig wie nach dem Schlusspfiff.

Per Mertesacker

**In unserem** Betreuerstab haben wir jeder unsere Aufgabe. Dabei ist es wichtig, seine eigenen Stärken und Schwächen zu kennen und darüber zu sprechen. Denn keiner kann alles und letztlich zählt nur der Erfolg des Teams.

*Georg Behlau, Leiter des Büros der Nationalmannschaft*

**Gott** glaubt stets an dich, also verliere du auch nie den Glauben an dich.

Lukas Podolski

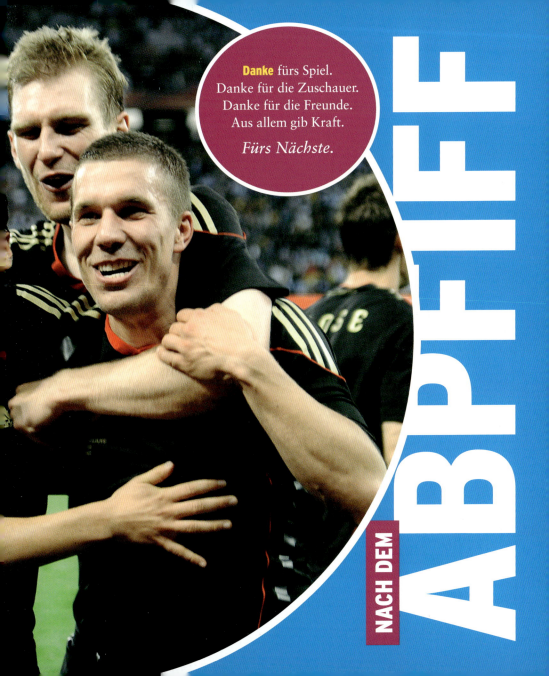

**Danke** fürs Spiel.
Danke für die Zuschauer.
Danke für die Freunde.
Aus allem gib Kraft.

*Fürs Nächste.*

NACH DEM **ABPFIFF**

# DEM EVANGELIUM
# EIN GESICHT GEBEN

Auftakt der Bundesligarunde. Volles Stadion am Freitagabend, Interviews, Kameraschwenks in Fülle. Da verweilt die Kamera bei einer Fangruppe der Bayern. Sie pickt sich ein Mädchen heraus. Sein Gesicht ist ganz und gar mit dem Bayern-Emblem bemalt. Ein totales Bekenntnis zu diesem Club, Identifikation mit ihm. Es hat den Bayern sein Gesicht gegeben.

Gesicht! An einem Gesicht können wir viel ablesen und erkennen, auch wenn es nicht geschminkt ist: Angst oder Angabe, Zorn oder Gleichgültigkeit, Leid, Schmerz, Trauer; Ernst, Ergriffenheit oder Enttäuschung. Ein Gesicht kann Freude, Glück und Dankbarkeit, kann Glaube, Hoffnung und Liebe ausdrücken. Unser Gesicht ist Spiegel der Seele, ja, es sagt etwas über den ganzen Menschen.

Wenn ich dem Evangelium ein Gesicht, mein Gesicht geben will, muss ich mir das Gesicht Christi anschauen und einprägen. Das Gesicht des 12-jährigen Jesus z. B., der im Tempel über den Sinn des Lebens nachdenkt. Das Gesicht Jesu, der sich demjenigen zuwendet, der ihn fragt: „Meister, was muss ich tun, um ewiges, volles Leben zu gewinnen?" Jesus nimmt sich Zeit für ihn, hört ihm zu, gibt ihm einen Rat. Dem Evangelium ein Gesicht geben. Dein, euer, mein Gesicht ist gesucht; Hände und Füße auch.

*Johannes Kapp,*
*Altweihbischof im Bistum Fulda*

Liebe junge Freunde, der Herr ruft euch! Nicht haufenweise, als Masse! Er ruft dich und dich und dich, jeden einzeln; hört im Herzen, was er euch sagt.

Papst Franziskus,
aus einer Ansprache auf dem Weltjugendtag 2013

**Lieber Gott,** manchmal ist mein Leben wie ein Fußballspiel: Ich renne und bekomme den Ball doch nicht. Ich glaube, ich bin gut in Form, und schieße doch daneben. Ich habe mich gut vorbereitet und sitze doch auf der Ersatzbank. Ich habe mich hinreißen lassen und bekomme auch noch die rote Karte.

**Aber es gibt** auch Tage, da stimmt einfach alles, das Timing, die eigene Form, das Team. Dafür danke ich dir, in der Gewissheit, dass du mich durch die Tiefen zu den Höhen im Spiel des Lebens begleitest.

*Andrea Hoffmeier*

**DU BEGLEITES**

**HÖHEN**

TIEFEN

**KLAUS VELLGUTH,** Dr. mult., geboren 1965, verheiratet, drei Kinder; Dipl.-Religionspädagoge (FH), Professor für Missionswissenschaft; Leiter der Stabsstelle Marketing von missio in Deutschland und Schriftleiter der Zeitschrift „Anzeiger für die Seelsorge"